LA VÉRITÉ

SUR

LES CAISSES DE RETRAITE

PAR

M. DELEUZE,

CHEF D'INSTITUTION.

Les Caisses de retraite, par l'État, n'auront d'autre résultat que celui d'aggraver le vice de nos institutions financières et de compléter la ruine du travail.

Prix : 15 centimes.

PARIS,

CHEZ GARNIER, LIBRAIRE,

GALERIE PALAIS NATIONAL.

Avril 1850.

LA VÉRITÉ

LES CAISSES DE RETRAITE,

PAR

M. DELEUZE,

CHEF D'INSTITUTION.

> Les Caisses de retraite, par l'État, n'auront
> d'autre résultat que celui d'aggraver le
> vice de nos institutions financières et de
> compléter la ruine du travail.

Il se passe, depuis la révolution de Février, un phénomène qui annonce, dans certaines classes de la société, ou une bien grande dureté de cœur, ou une bien profonde ignorance des principes les plus simples de l'économie sociale. En effet, depuis deux ans passés, la France souffre et s'appauvrit au milieu de l'anarchie qui règne et dans les opinions et dans les intérêts; les classes laborieuses, par la conspiration des capitaux, ont vu chaque jour paralyser leurs bras et croître leur misère, et rien de sérieux, rien d'efficace n'a été tenté pour mettre un terme à cette calamité.

En vain des hommes de cœur et d'intelligence, inspirés par l'amour de l'humanité, ont demandé et demandent tous les

1850

jours des institutions favorables au travail: on les a traités d'utopistes, d'ennemis de la famille et de la propriété ; on les a calomniés, poursuivis, traqués, considérés enfin comme des pestiférés dont il fallait débarrasser la société. Oubliant que la consommation, paralysée par la misère, paralysait à son tour le travail, qui, dans son impuissance, rendait à la Banque de France ses stériles capitaux, les républicains soi-disant honnêtes et modérés, loin de chercher, par de larges mesures, à attaquer le mal dans sa source, ne se sont préoccupés que d'une seule idée, et n'ont eu qu'un seul but : imposer silence aux socialistes et rendre le pouvoir fort, pour ramener, disent-ils, la confiance, comme si la peur de la prison ou d'une amende, qu'on me passe la comparaison, pouvait rendre les forces à un malade paralysé de tous ses membres.

Et maintenant que la Constitution leur impose l'obligation de réaliser l'assistance publique, cette enfant avorton du droit au travail, quelles mesures salutaires viennent-ils nous proposer en faveur de l'humanité souffrante, ces hommes qui se disent tant les amis des prolétaires ? Quels moyens efficaces ont-ils inventés pour ne pas faire de cette sœur de la fraternité une ennemie mortelle du travail ? Ils proposent aux classes laborieuses, dans un moment où elles sont en proie aux plus impérieux besoins de la nature, ils proposent au travail affamé de faire des économies sur sa misère pour obtenir dans cinquante ans des pensions de retraite ! En vérité, à la vue de telles anomalies, on dirait que nous vivons dans un monde renversé, où tous les rôles sont intervertis. Ceux qui veulent par le travail enrichir la France, en doublant, triplant ses produits; ceux qui veulent procurer au malheureux prolétaire l'aisance nécessaire pour s'associer une compagne et pour élever des enfants, sont considérés comme des ennemis de la famille et de la propriété ; et ceux qui laissent la société s'appauvrir de plus en plus au milieu de l'anarchie, ceux qui laissent le chômage et la misère détruire chaque jour la famille et la propriété, en sont réputés les soutiens et les défenseurs ! On traite d'utopistes et de scélé-

.rats ceux qui par les bienfaits de la consommation voudraient porter le bien-être dans toutes les classes de la société, de même que le sang porte la vie et le mouvement dans toutes les parties du corps ; et l'on donne le nom de conservateurs, d'amis de l'humanité, à ceux qui veulent aggraver la misère et tuer le travail ! Oui, tuer le travail, aggraver la misère, je le répète, car tel sera le résultat inévitable des caisses de retraite, si elles sont organisées d'après les principes émis dans les deux propositions faites à la Chambre. N'est-ce pas là le comble de l'ignorance, de l'injustice et de l'absurdité ?

Certes, je suis bien loin de condamner l'intention qui a dicté la mesure : donner une retraite au travail, assurer le repos de de la vieillesse, est et sera toujours un devoir sacré pour une société bien organisée ; mais, en voulant remplir ce devoir, faut-il encore ne pas suivre une route qui conduise au but diamétralement opposé ; en voulant guérir un membre malade, faut-il ne pas tuer le corps, et c'est ce qui arrivera, dis-je, infailliblement, avec les caisses de retraite en question.

En effet, que doit rechercher par-dessus tout le gouvernement dans la réalisation de la mesure ? Qu'elle soit possible, juste et bienfaisante. Eh bien ! non-seulement elle est impossible, injuste et désastreuse, mais elle l'est doublement sous ce triple rapport.

Impossible d'abord, parce que le prolétaire, dévoré par la misère, ne pourra pas faire les versements voulus, ou bien parce qu'à la vue des cinquante années d'attente il ne le voudra pas.

Injuste, parce que ceux qui ne verseront pas, et ce seront les plus nombreux et les plus pauvres, n'en seront pas moins obligés, par l'impôt de consommation, de concourir au paiement des intérêts fournis par le gouvernement pour assurer la retraite de ceux qui verseront, et ce seront les plus aisés.

Injuste encore, parce que l'Etat s'emparera en tout ou en partie, à son profit ou au profit de la caisse, des versements déjà faits, lorsque la mort ou la misère ne permettra pas de les continuer.

Injuste surtout sous le rapport des primes, parce que ce prétendu encouragement au bien-être ne sera en réalité qu'un encouragement à la cupidité, profitant seulement à ceux qui auront de l'aisance et pas de charges, aux domestiques et aux célibataires, par exemple, tandis que le pauvre ouvrier chargé de famille qui ne pourra pas y participer, n'en sera pas moins obligé de concourir au paiement des primes.

Désastreuse enfin, parce que c'est sur le prolétaire déshérité des caisses de retraite que se feront plus particulièrement sentir, dans sa vieillesse, les horreurs de l'abandon et de la misère.

Voilà, sous le rapport des intérêts individuels, les principaux résultats des caisses de retraite ; quant aux intérêts généraux, la mesure sera mortelle, car elle diminuera la consommation et par conséquent la production, augmentera la concurrence, abaissera les salaires et aggravera la misère.

En effet, s'il est vrai que le travail soit la seule source de la richesse, il faut donc favoriser le travail.

Mais le travail ne vit que de débouchés.

Il faut donc favoriser les débouchés à l'extérieur et la consommation à l'intérieur.

Mais à l'extérieur, les marchés nous sont en général fermés par le fait de notre main-d'œuvre, qui, écrasée à la fois par les impôts et par le privilége du capital, se trouve trop élevée pour soutenir la concurrence.

Il faut donc, en attendant la diminution des impôts et l'abaissement de l'intérêt, favoriser la consommation à l'intérieur.

Mais à l'intérieur, la consommation, paralysée dans les classes laborieuses par la misère et presque uniquement concentrée sur les classes riches, tend chaque jour à diminuer par le vice de nos institutions financières.

Il faut donc changer ces institutions et en créer qui soient favorables à la consommation.

Ainsi, c'est une vérité incontestable que, pour favoriser le travail, il faut favoriser la consommation.

Maintenant, avant d'examiner si la mesure proposée remplit ces conditions, voyons quelles sont celles de nos institutions qui nuisent à la consommation.

D'abord l'institution du crédit public. Pour s'assurer, par le revenu du capital, une rente pour ses vieux jours, chacun fait des économies et veut devenir rentier. La somme de ces économies, accumulées depuis l'établissement de la dette publique, s'est tellement accrue, que l'état, l'agriculture et l'industrie se trouvent aujourd'hui grevés d'un capital de 28 milliards.

Si nous portons à soixante ans le temps qu'il a fallu à toutes ces économies pour s'accumuler, et à 24 milliards seulement leur somme totale, nous trouvons une moyenne par année de 400 millions enlevés à la consommation, ci . .   400,000,000

Viennent ensuite les caisses de retraite du gouvernement, celles des particuliers, les tontines et les caisses d'épargnes de toute la France dont les versements peuvent bien être évalués ensemble à 100 millions par an, ci.   100,000,000

____

500,000,000

Si à ces 500 millions, nous joignons 1,200 millions provenant des intérêts à payer pour les susdits 24 milliards (car les débiteurs sont bien forcés de les économiser sur la consommation), pour les solder, ci 1,200,000,000

Enfin, si nous ajoutons (toujours au préjudice de la consommation) 1,100 millions d'impôts provenant du budget déduit des 350 millions de rente compris dans les 24 milliards, ci. . .. 1,100,000,000

____

2,800,000,000

Nous trouvons 2 milliards 800 millions d'économies enlevées

annuellement à la consommation 2 milliards 800 millions! plus de la moitié du revenu de la France.

Mais là ne se borne pas le mal: nos lois fiscales et prohibitives en élevant, les unes, le prix des matières premières et par conséquent la main d'œuvre, les autres, le prix des denrées, nuisent essentiellement à la consommation. L'institution qui régit les octrois dans les grands centres de population est surtout l'une des plus funestes aux consommateurs des villes et aux producteurs des campagnes; les droits d'entrée portant plus particulièrement sur les objets de première nécessité, tels que le vin et la viande, l'immense classe des prolétaires se trouve en général déshéritée de ces deux aliments bienfaisants , réservés en quelque sorte à la classe aisée, et la consommation en souffre horriblement.

Eh bien ! en présence d'une situation qui tend constamment à diminuer la force de la production, les caisses de retraite nous offrent-elles un remède au mal ? tant s'en faut, qu'elles l'aggravent d'une manière effrayante, en ajoutant aux 2 milliards 800 millions ci-dessus, 100 millions par an au moins d'économies commandées par l'accomplissement de la mesure. Et notez bien que les déposants n'auront pas, comme à la caisse d'épargne, la faculté de faire un appel à leurs fonds pour couvrir de pressants besoins; non, ce sera un gouffre dévorant où viendront s'engloutir tous les ans sans retour 100 millions enlevés à la consommation, sans compter que, d'un côté, le système des primes devenant un objet de spéculation pour la cupidité, et de l'autre le prolétaire malheureux ne pouvant y participer, le but louable qui a dicté la mesure des primes sera complétement manqué, et le gouvernement, au milieu de cette société naufragée où nous vivons, au milieu de cet océan d'intérêts tous compromis et cherchant tous à se sauver aux dépens les uns des autres, le gouvernement dont le devoir est de veiller à l'amélioration des mœurs, sera venu jeter un nouvel aliment à la corruption, et donner une force nouvelle au privilége du capital, du capital qui ne devrait être qu'un agent à la production.

Mais les capitaux versés, me dira-t-on, ne resteront pas improductifs, ils reviendront au travail. Oui, sans doute, mais entre les mains de qui, et sous quelle forme ? Toujours entre les mains des capitalistes, usuriers ou agioteurs, toujours sous la forme d'un tyran qui forcera le travail affamé à produire pour lui, pour lui seul, sans le laisser participer aux merveilles qu'il crée ; car le travail est appelé à produire et non à consommer.

Ainsi, la consommation diminuant de plus en plus dans les classes laborieuses (et ces classes forment les trois quarts de la société), les producteurs, faute de débouchés, se feront une concurrence effrénée ; cette concurrence abaissera les salaires qui augmenteront la misère, qui tuera la consommation, etc., etc., et la société tournera toujours dans ce cercle fatal sans pouvoir en sortir ; car les forces de la consommation seront en raison inverse du progrès de la misère, et la misère, je le répète, croîtra toujours en raison de l'abaissement des salaires, les salaires baisseront en raison de la concurrence, et la concurrence croîtra en raison de la consommation qui baissera en raison de la misère ; et ce cercle de fer ira toujours en se rétrécissant, en étreignant, en détruisant la famille, la propriété et la morale publique.

Mais ce n'est pas tout : considérée sous un autre point de vue, la mesure offre des impossibilités bien autrement grandes et un caractère destructif bien autrement injuste et désastreux : Pour rendre productives par l'intérêt les sommes versées par les caisses de retraite, le gouvernement sera forcé d'acheter en leur nom des rentes sur lÉ'tat, ou d'en créer de nouvelles ; je ne vois pas qu'on ait proposé un autre mode de réaliser la mesure.

Supposons qu'il achète des rentes existantes : ce sera un achat annuel pour 100 millions, ci 5 millions de rente. . 5,000,000 f.

En ajoutant à cette somme les achats faits au nom des économies particulières, au nom des assurances, des tontines et des caisses d'épar- .

gne, s'élevant, ainsi que nous l'avons dit, à 500
millions, ci 25 millions de rente............ 25,000,000

Total....................... 30,000,000 f.

Nous avons 30 millions de rente qui opéreront annuellement et d'une manière incessante sur les fonds publics.

Maintenant, si nous considérons que, sur ces 30 millions, 15 au moins, appelés à [se capitaliser, deviendront 30 millions en moins de quinze ans, 60 millions en moins de trente ans, 120 millions en moins de quarante-cinq ans; il est bien évident que cet amortissement annuel de 30 millions aura en moins de douze ans racheté et classé, au nom des caisses de retraite de toute espèce et des économies particulières, les 350 millions de rentes sur l'Etat actuellement existantes. Quel brillant avenir pour le travail, aujourd'hui écrasé sous le poids au moins de 24 milliards de dettes! En vérité, c'est magnifique!

Mais, par malheur, il se présente ici sous notre plume une série d'impossibilités ou plutôt d'absurdités plus grandes les unes que les autres, qui feront ressortir aux yeux de tous les hommes éclairés et de bonne foi le vice capital de nos institutions financières.

La première, c'est qu'après avoir, en moins de douze ans, absorbé toutes les rentes sur l'Etat, les caisses de retraite seront forcées de s'acheter de la rente à elles-mêmes, ce qui serait par trop absurde, ou d'en réclamer successivement une émission conforme à leurs besoins, sous peine de se voir annihiler, ce qui serait déplorable.

Supposons que, sur une masse d'environ six millions de postulants, l'État n'ait, en définitive, à pourvoir qu'au service de deux millions de retraites, l'un pour la génération ascendante jusqu'à trente-cinq ans, et l'autre pour la génération venant après, ce serait, en prenant 300 fr. pour la moyenne de la pension, un service de 600 millions de rente, qui réclamerait, pour satisfaire aux besoins et au classement de toutes les individualités, une création successive au moins du double, c'est-à-dire

de 1,200 millions de rente au capital de 24 milliards ; encore, je
ne compte pas ici la somme des primes à fournir. Serait-ce là
un embarras ?

La seconde impossibilité, c'est que nos lois financières restant
les mêmes, ces fameuses pensions de retraite se trouveraient
complétement nulles pour la classe des travailleurs , puisqu'ils
seraient forcés de se les payer à eux-mêmes, ne retirant d'autre
avantage des dures privations qu'ils se seraient imposées que
celui d'avoir nourri grassement pendant cinquante ans une
tourbe de fonctionnaires inutiles , et de leur avoir assuré une
pension de retraite qui, pour eux , serait bien réelle , tandis que
la leur ne serait qu'illusoire. Serait-ce là de la justice ?

La troisième impossibilité , c'est qu'au fur et à mesure que la
rente, rachetée au nom des caisses de retraite , se classerait
d'une manière invariable entre les mains des classes laborieuses,
la force incessante et progressive de cet amortissement se capi-
talisant tous les ans et agissant de concert avec les autres
caisses, avec les économies particulières , et avec les jeux de
bourse à la hausse, acquerrait une si grande puissance, qu'après
avoir en peu de temps absorbé toute la rente flottante, elle ferait
monter la rente classée si haut et descendre l'intérêt si bas,
qu'en moins de quelques années les caisses de retraite devien-
draient impraticables , car l'intérêt descendrait inévitablement
au-dessous de quatre pour cent , et la mesure est impossible
même à quatre , un versement annuel de 30 fr. capitalisé , à ce
taux, pendant vingt ans , ne produisant que 35 fr. 77 c. ; pendant trente ans, que 67 fr. 36 c.; pendant quarante ans, que
114 fr. 11 c.; et pendant cinquante ans, que 177 fr. 16 c. A plus
forte raison, serait-elle impraticable à 3 pour 0/0, taux auquel
descendrait infailliblement l'intérêt , s'il ne baissait pas da-
vantage.

Intéressés d'ailleurs à voir baisser la rente , car c'est alors
que l'intérêt s'élève , les capitalistes ne manqueraient certes pas
de demander à grands cris la création de nouvelles rentes, et
cette mesure , ou plutôt cette quatrième impossibilité serait un

coup de massue pour le travail. En effet, aux 350 millions de rentes actuellement existantes, il faudrait en ajouter, en nouvelles créations, 850 millions ; car la mesure en réclamerait, avons-nous dit, 1,200 millions. Or, le budget actuel s'élevant aujourd'hui à 1,450 millions environ, il s'élèverait alors à 2,300 millions ; serait-ce là encore une impossibilité ? Faudrait-il s'étonner de voir alors s'augmenter ces inégalités sociales qui, dans l'ordre moral comme dans l'ordre physique, portent aujourd'hui l'anarchie dans le corps social ? Ah ! c'est bien alors que, maître de toutes les richesses de la France, le capital pourrait dire avec raison au travail réduit à merci : « A moi le sol et les instruments du travail, à toi les bras ; à moi les produits, à toi les sueurs ; à moi les plaisirs, à toi les peines ; je suis le maître et toi l'esclave ; *travaille, travaille,* et tu seras assuré de conserver, non le fruit de ton travail, ainsi que te l'assure M. Thiers, cet habile économiste, cet ami du prolétaire, mais le salaire qu'il me plaira de te donner : *travaille, travaille,* et le *produit de ton travail sera,* non pour *toi* et *pour tes enfants,* ainsi que te le promet ce grand homme d'État avec l'assurance qui le caractérise, mais pour moi, pour moi seul et pour tous les miens, car je suis le maître ; *travaille,* te dis-je, et tu recevras un salaire de ma main, car, à l'avenir, je ne veux plus qu'on dise le salaire du travail, mais bien le salaire du capital. »

Mais, puisque la société est ainsi organisée, diront les ignorants et les vampires du travail, il ne saurait en être autrement : ne faut-il pas d'ailleurs qu'il y ait des riches et des pauvres ? Mais, malheureux insensés, leur répondrai-je, ne voyez-vous pas qu'en changeant ainsi la véritable destination du capital, en le constituant le tyran implacable du travail, au lieu d'en faire un ami, vous le rendez aussi funeste à vos propres intérêts qu'aux intérêts des travailleurs ? Ne voyez-vous pas qu'après avoir appauvri, dévoré toutes les ressources des forces productives, il vous dévorera vous-mêmes, aveugles que vous êtes ? Ne voyez-vous pas que, si aux 2,800 millions d'économies annuellement commandées à la classe des travailleurs, aux uns, pour

se créer des rentes, aux autres, pour solder les créances du capital, à tous, pour payer les impôts, vous ajoutez encore 850
millions de nouvelles rentes pour les caisses de retraite, ce sera
3,650 millions qu'il faudra payer par des économies? 3,650 millions enlevés annuellement à la production, entendez-vous? Les
2/3 du revenu de la France! est-ce là un élément de destruction?
Pensez-vous, qu'avec ce fardeau sur les bras, les classes laborieuses pourront consommer? Et si elles ne consomment pas, si
les trois quarts de la France ne consomment pas, qu'arrivera-t-
il? Le travail qui, pour ne pas mourir de faim, sera forcé de
produire bon gré, mal gré, le travail se fera une concurrence
telle, que les producteurs se dévoreront entre eux, comme se dé-
voraient les naufragés de *la Méduse*. La France, s'appauvrissant
tous les ans de ces 3,650 millions qu'elle se sera mise dans l'impuissance de produire, puisqu'elle ne les consommera pas, tom-
bera dans un tel état de marasme et de misère, que la moitié de
la société sera forcée de nourrir l'autre, s'il n'arrive pas encore
quelque cataclysme plus épouvantable ; il en coûtera plus aux
capitalistes pour nourrir les bras qu'ils auront paralysés, qu'ils
ne retireront de ceux qu'ils forceront à travailler, et l'assistance
publique, en dernier résultat, tombant entièrement à leur charge,
ils se ruineront à leur tour, en ruinant la France.

Tels seront les résultats inévitables des caisses de retraite :
elles viendront aggraver le vice de nos institutions financières et
compléter la ruine du travail.

Si maintenant on nous demande sur quelles bases il convien-
drait d'établir les caisses de retraite, car cette institution est un
devoir sacré pour la société, nous répondrons que le mal indique
le remède, mais que, dans son application, il faut consulter à la
fois la prospérité de la France et le dogme sacré de notre devise
républicaine : Liberté, égalité, fraternité ; qu'en dehors de ces
principes il n'y a rien de bon à espérer.

Au reste, nous nous proposons d'exposer un système d'orga-
nisation sociale, au moyen duquel la République pourra,

Par la voie, non du capital, mais du travail :

1° Donner tout de suite des caisses de retraite à la vieillesse ;

2° Diminuer les impôts ;

3° Fonder des banques de crédit pour occuper tous les bras ;

4° Rembourser la rente en moins de quinze ans ;

5° Et développer, par un système d'enseignement public basé sur le principe de l'égalité politique, toutes les intelligences nationales dans l'intérêt de la grandeur [et de la prospérité du pays.

Paris. — Imprimérie centrale de NAPOLÉON CHAIX ET Cᵉ, rue Bergère, 20.

www.ingramcontent.com/pod-product-compliance
Ingram Content Group UK Ltd.
Pitfield, Milton Keynes, MK11 3LW, UK
UKHW021724130726
13696UKWH00006B/2527